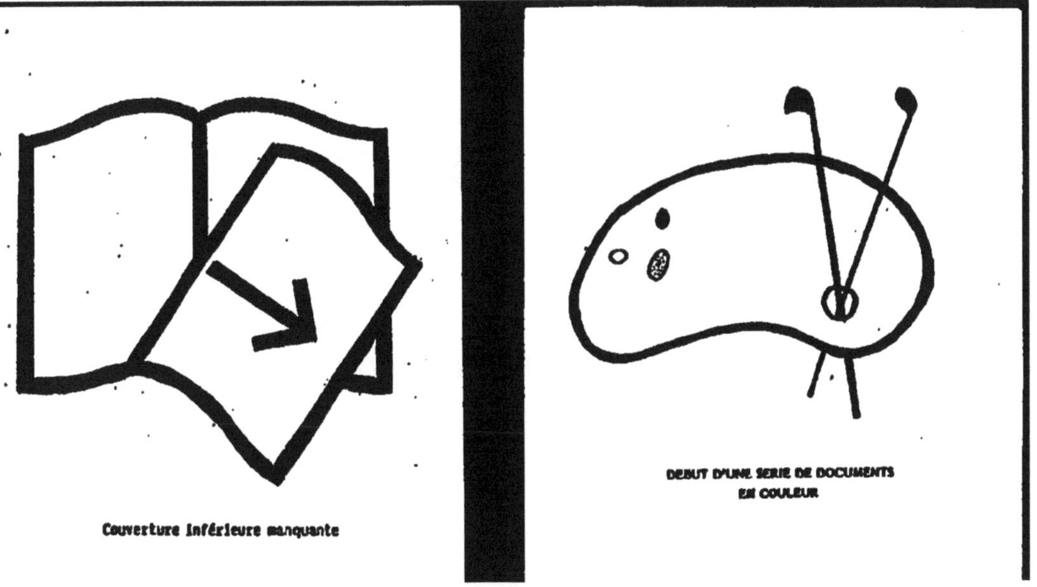

Couverture inférieure manquante

DEBUT D'UNE SERIE DE DOCUMENTS
EN COULEUR

L'IDÉE

RUSSE

PAR

VLADIMIR SOLOVIEV

PARIS

LIBRAIRIE ACADÉMIQUE DIDIER

PERRIN ET Cⁱᵉ, LIBRAIRES-ÉDITEURS

35, QUAI DES GRANDS-AUGUSTINS, 35

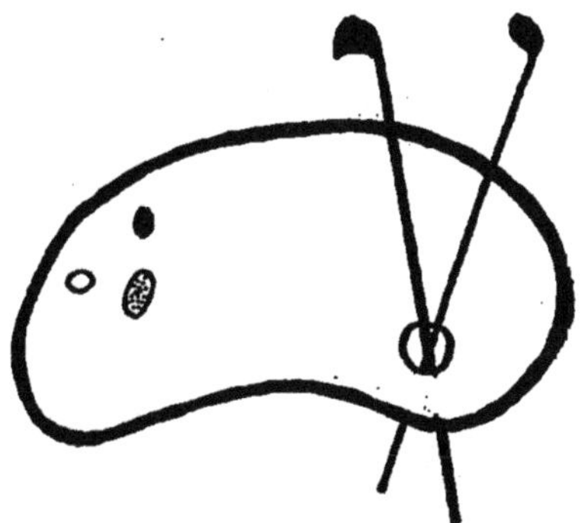

FIN D'UNE SERIE DE DOCUMENTS
EN COULEUR

L'IDÉE RUSSE

IMPRIMERIE D. DUMOULIN ET Cⁱᵉ
rue des Grands-Augustins, 5, à Paris.

L'IDÉE RUSSE

PAR

VLADIMIR SOLOVIEV

PARIS

LIBRAIRIE ACADÉMIQUE DIDIER

PERRIN ET Cⁱᵉ, LIBRAIRES-ÉDITEURS

35, QUAI DES GRANDS-AUGUSTINS, 35

1888

Tous droits réservés.

Le but de ces pages n'est pas de donner des détails
sur l'état actuel de la Russie, comme si elle était un
pays ignoré et méconnu en Occident.

Sans parler des nombreuses traductions qui ont
familiarisé l'Europe avec les chefs-d'œuvre de notre
littérature, on voit maintenant, surtout en France, des
écrivains éminents renseigner le public européen sur
la Russie, beaucoup mieux, peut-être, qu'un Russe ne
saurait le faire. Pour ne citer que deux noms français,
M. Anatole Leroy-Beaulieu a donné dans son excel-
lent ouvrage, *l'Empire des Tsars*, un exposé très
véridique, très complet et très bien fait, de notre état
politique, social et religieux, et M. le vicomte de
Vogüe, dans une série d'écrits brillants sur la littérature russe, a traité son sujet, non seulement en
connaisseur, mais en enthousiaste.

Grâce à ces écrivains, et à beaucoup d'autres encore,
la partie éclairée du public européen doit avoir une
connaissance suffisante de la Russie, sous les aspects
multiples de son existence réelle. Mais, cette connaissance des choses russes laisse toujours ouverte une
question d'un ordre différent, fort obscurcie par de
puissants préjugés, et qui, en Russie même, n'a géné-

ralement reçu que des solutions dérisoires. Considérée par plusieurs comme oiseuse, et comme trop téméraire par d'autres, cette question est, en vérité, la plus importante entre toutes pour un Russe, et, en dehors de la Russie, elle ne saurait manquer d'intérêt pour tout esprit sérieux. J'entends la question sur *la raison d'être de la Russie* dans l'histoire universelle

Quand on voit cet empire immense se produire avec plus ou moins d'éclat, depuis deux siècles, sur la scène du monde, quand on le voit accepter, sur beaucoup de points secondaires, la civilisation européenne, et la rejeter obstinément sur d'autres plus importants, en gardant ainsi une originalité qui, pour être purement négative, n'en paraît pas moins imposante, — quand on voit ce grand *fait* historique, on se demande : Quelle est donc la *pensée* qu'il nous cache ou nous révèle; quel est le principe *idéal* qui anime ce corps puissant; quelle nouvelle *parole* ce peuple nouveau venu dira-t-il à l'humanité; que veut-il *faire* dans l'histoire du monde ? Pour résoudre cette question, nous ne nous adresserons pas à l'opinion publique d'aujourd'hui, ce qui nous exposerait à être désabusés demain. Nous chercherons la réponse dans les vérités éternelles de la religion. Car *l'idée d'une nation n'est pas ce qu'elle pense d'elle-même dans le temps, mais ce que Dieu pense sur elle dans l'éternité.*

L'IDÉE RUSSE

I

En acceptant l'unité essentielle et réelle du genre
humain, — et il faut bien l'accepter, puisque c'est une
vérité religieuse justifiée par la philosophie rationnelle
et confirmée par la science exacte, — en acceptant
cette unité substantielle, nous devons considérer l'humanité entière comme un grand être collectif ou un
organisme social dont les différentes nations représentent les membres vivants. Il est évident, à ce point de
vue, qu'aucun peuple ne saurait vivre en soi, par soi et
pour soi, mais que la vie de chacun n'est qu'une par-
ticipation déterminée à la vie générale de l'humanité.
La fonction organique qu'une nation doit remplir dans
cette vie universelle, — voilà sa vraie idée nationale,
éternellement fixée dans le plan de Dieu.

Mais, s'il est vrai que l'humanité est un grand organisme, il faut bien se rappeler que ce n'est pas là un
organisme purement physique, mais que les membres
et les éléments dont il se compose — les nations et les
individus — sont des êtres moraux. Or, la condition
essentielle d'un être moral, c'est que la fonction
particulière qu'il est appelé à remplir dans la vie

universelle, l'idée qui détermine son existence dans la pensée de Dieu, ne s'impose jamais comme une nécessité matérielle, mais seulement comme une obligation morale. La pensée de Dieu, qui est une fatalité absolue pour les choses, n'est qu'un devoir pour l'être moral. Mais, s'il est évident qu'un devoir peut être rempli ou non, peut être rempli bien ou mal, peut être accepté ou rejeté, on ne saurait admettre, d'un autre côté, que cette liberté puisse changer le plan providentiel, ou enlever son efficacité à la loi morale. L'action morale de Dieu ne peut pas être moins puissante que son action physique. Il faut donc reconnaître que, dans le monde moral, il y aussi une fatalité, mais une fatalité indirecte et conditionnée. La vocation ou l'idée propre que la pensée de Dieu assigne à chaque être moral — individu ou nation — et qui se révèle à la conscience de cet être comme son devoir suprême, — cette idée agit, dans tous les cas, comme une puissance réelle, elle détermine, *dans tous les cas*, l'existence de l'être moral, — mais elle le fait de deux manières opposées : elle se manifeste comme loi de la vie, quand le devoir est rempli, et comme loi de la mort, quand il ne l'est pas. L'être moral ne peut jamais se soustraire à l'idée divine, qui est sa raison d'être, mais il dépend de lui-même de la porter dans son cœur et dans ses destinées comme une bénédiction ou comme une malédiction.

Ce que je viens de dire est ou devrait être un lieu commun pour tout — je ne dirai pas chrétien — mais

pour tout monothéiste. Et en effet, on ne trouve rien à
redire à ces pensées quand elles sont présentées d'une
manière générale, c'est contre leur application à la
question nationale qu'on proteste. Le lieu commun
se transforme alors tout d'un coup en une rêverie mys-
tique, et l'axiome devient une fantaisie subjective. « Qui
a jamais su la pensée de Dieu sur une nation, qui peut
parler de devoir à un peuple? Affirmer sa puissance,
poursuivre son intérêt national, voici tout ce qu'un
peuple doit faire, et le devoir d'un patriote se réduit à
soutenir et à servir son pays dans cette politique nationale sans lui imposer ses idées subjectives. Et pour savoir les vrais intérêts d'une nation et sa mission historique réelle, il n'y a qu'un seul moyen sûr, c'est de
demander au peuple lui-même ce qu'il en pense, c'est
de consulter l'opinion publique. » Il y a cependant
quelque chose d'étrange dans ce jugement en apparence si sensé.

Ce moyen empirique pour apprendre la vérité est
absolument impraticable là où l'opinion nationale est
partagée, ce qui est presque toujours le cas. Quelle est
la vraie opinion publique de la France : celle des catholiques, ou bien celle des francs-maçons ? Et puisque
je suis Russe, à laquelle des opinions nationales dois-
je sacrifier mes idées subjectives : à celle de la Russie
officielle et officieuse, *la Russie d'aujourd'hui* ; ou bien
à celle que professent plusieurs millions de nos vieux
croyants, ces vrais représentants de la Russie tradi-

tionnelle, de *la Russie du passé* pour qui notre Église et notre État actuel sont l'empire de l'Antechrist ; ou bien encore serait-ce aux nihilistes qu'il faudrait nous adresser, eux qui représentent peut-être *l'avenir de la Russie ?*

II

Je n'ai pas à insister sur ces difficultés, puisque l'histoire fournit à l'appui de ma thèse une preuve directe et connue de tout le monde. S'il y a une vérité acquise pour la philosophie de l'histoire, c'est celle-ci : que la vocation définitive du peuple juif, sa vraie raison d'être est essentiellement attachée à l'idée messianique, c'est-à-dire à l'idée chrétienne. Il ne paraît pas cependant que l'opinion publique, le sentiment national des juifs, ait été très favorable au christianisme. Je ne veux pas adresser des reproches vulgaires à ce peuple unique et mystérieux, qui est après tout le peuple des prophètes et des apôtres, le peuple de Jésus-Christ et de la sainte Vierge. Ce peuple vit encore et la parole du Nouveau-Testament lui promet une régénération complète : « Tout l'Israël sera sauvé » (Rom., xi, 26). Et — je tiens à le dire quoique je ne puisse pas prouver ici cette assertion [1] — « l'endurcissement » des juifs n'est pas la seule cause de leur position hostile à

[1]. J'ai tâché de le faire dans deux études sur la question juive, dont l'une a été analysée dans la *Revue française,* sept. et oct. 1886.

l'égard du christianisme. En Russie surtout, où l'on n'a jamais essayé d'appliquer aux juifs les principes du Christianisme, oserons-nous leur demander d'être plus chrétiens que nous-mêmes ? J'ai voulu seulement rappeler ce fait historique remarquable que le peuple appelé à donner au monde le Christianisme n'a accompli cette mission que malgré lui-même, qu'il persiste dans sa grande majorité et durant dix-huit siècles à rejeter l'idée divine qu'il a portée dans son sein et qui a été sa vraie raison d'être. Il n'est donc plus permis de dire que l'opinion publique d'une nation a toujours raison et qu'un peuple ne peut jamais méconnaître ou repousser sa vraie vocation.

Mais peut-être ce fait historique que j'invoque n'est-il lui-même qu'un préjugé religieux, et le lien fatal que l'on suppose entre les destinées du peuple d'Israël et le Christianisme n'est qu'une fantaisie subjective ? Je puis cependant produire une preuve extrêmement simple qui met en évidence le caractère réel et objectif du fait en question.

Si l'on prend notre Bible chrétienne, le recueil de livres qui commence par la Genèse et finit par l'Apocalypse, et si on l'examine en dehors de toute conviction religieuse, comme un simple monument historique et littéraire, on est forcé d'avouer que c'est là une œuvre complète et harmonieuse : la création du ciel et de la terre et la chute de l'humanité dans le premier Adam — au commencement, la restauration de l'humanité dans le second Adam ou le Christ, — au centre, et à la fin, l'apothéose apocalyptique, la création du nouveau ciel et de la nouvelle terre où demeure la justice, la révélation du monde transfiguré et glorifié, la nouvelle Jérusalem descendant des cieux, le tabernacle où Dieu habite avec les hommes. (Apoc. XXI.) La fin de l'œuvre se rattache ici au commencement, la création du monde physique et l'histoire de l'humanité sont expliquées et justifiées par la révélation du monde spirituel qui est l'union parfaite de l'humanité avec Dieu. L'œuvre a abouti, le cercle est fermé, et même du point de vue purement esthétique on est satisfait. Voyons maintenant comment finit la Bible des Hébreux. Le dernier livre de cette Bible, c'est *Dibré-ha-iamim*, les Chroniques, et voici la conclusion du dernier chapitre : «' Koresh, roi de Perse, dit ainsi : « Tous les royaumes « de la terre m'ont été donnés par Iahvé, Dieu des « cieux ; et il m'ordonna de lui bâtir une maison à « Jérusalem qui est dans la Judée. Qui de vous est ici « de tout son peuple ? Que Iahvé, son Dieu, soit avec « lui et qu'il s'en aille ! » Entre cette conclusion et celle de la Bible chrétienne ; entre les paroles du Christ glorifié : « Je suis l'Alpha et l'Oméga, le commencement et la fin ; je donne à qui a soif de la source de l'eau vivante gratis ; qui est vainqueur héritera de tout, et je serai son Dieu et il sera un fils pour moi, » entre ces paroles et celles du roi de Perse ; entre cette maison qu'il faut bâtir dans la Jérusalem de la Judée et l'habi-

tation de Dieu avec les hommes dans la nouvelle Jérusalem descendant des cieux, le contraste est vraiment
frappant. Au point de vue des Juifs qui rejettent le
grand dénoûment universel de leur histoire nationale
révélé dans le Nouveau-Testament, il faudrait admettre que la création du ciel et de la terre, la vocation des patriarches, la mission de Moïse, les miracles
de l'Exode, la révélation du Sinaï, les exploits et
les hymnes de David, la sagesse de Salomon, l'inspiration des prophètes, — que toutes ces merveilles et
toutes ces saintes gloires n'ont abouti en dernier lieu
qu'à un manifeste d'un roi païen ordonnant à une
poignée de Juifs de bâtir le second temple de Jérusalem,
ce temple dont la pauvreté comparée à la splendeur du
premier a fait pleurer les vieux de Juda et qui dans la
suite n'a été agrandi et embelli par l'Iduméen Hérode
que pour être définitivement détruit par les soldats de
Titus. Ce n'est donc pas le préjugé subjectif d'un chrétien, c'est le monument de la pensée nationale des
Hébreux eux-mêmes qui démontre manifestement qu'en
dehors du Christianisme l'œuvre historique d'Israël a
échoué, et que par conséquent un peuple peut bien quel-
quefois manquer sa vocation.

III

Je ne me suis pas écarté de mon sujet en parlant de
la Bible des Juifs. Car il y a quelque chose dans cette

Bible tronquée, dans ce contraste d'un commencement grandiose et d'une fin mesquine, il y a quelque chose qui me rappelle les destinées de la Russie si on les envisage au point de vue exclusivement nationaliste qui domine chez nous aujourd'hui et qui unit dans un accord tacite les Caïphes et les Hérodes de notre bureaucratie aux zélotes du panslavisme militant.

Vraiment quand je pense aux rayons prophétiques d'un grand avenir qui illuminèrent les débuts de notre histoire, quand je me rappelle l'acte noble et sage d'abdication nationale qui, il y a plus de mille ans, créa l'État russe, lorsque nos ancêtres voyant l'insuffisance des éléments indigènes pour organiser l'ordre social appelèrent de bon gré et de propos délibéré le pouvoir étranger des princes scandinaves en leur disant la phrase mémorable : « Notre pays est grand et fertile, mais il n'y a pas d'ordre en lui, venez dominer et régner chez nous ; » et après l'établissement si original de l'ordre matériel, l'introduction non moins remarquable du christianisme, et la figure splendide de saint Vladimir, serviteur fervent et fanatique des idoles, qui, après avoir senti l'insuffisance du paganisme et le besoin intérieur de la vraie religion, réfléchit et délibéra longtemps avant de l'accepter, mais une fois devenu chrétien voulut l'être pour tout de bon et non seulement s'adonna aux œuvres de charité en soignant les pauvres et les malades, mais se montra plus pénétré de l'esprit évangélique que les

évêques grecs qui le baptisèrent; car ces évêques ne
réussirent qu'à force d'arguments spécieux à persuader
ce prince, naguère si sanguinaire, à infliger la peine
capitale aux brigands et aux assassins : « J'ai peur du
péché, » disait-il à ses pères spirituels. Et puis, quand
à ce « beau soleil », — c'est ainsi que la poésie populaire
surnomma notre premier prince chrétien, — quand à ce
beau soleil qui illumina les débuts de notre histoire
succédèrent des siècles de ténèbres et de troubles;
quand après une longue suite de calamités, refoulé
dans les froides forêts du Nord-Est, abruti par l'escla-
vage et la nécessité d'un rude travail sur un sol ingrat,
séparé du monde civilisé, à peine accessible même aux
ambassadeurs du chef de la chrétienté[1], le peuple russe
tomba dans un état de barbarie grossière relevée par
un orgueil national stupide et ignorant; quant, oubliant
le vrai christianisme de saint Vladimir, la piété mosco-
vite s'acharna à des disputes absurdes sur des détails
rituels et quand des milliers d'hommes étaient envoyés
au bûcher pour avoir trop tenu à des erreurs typogra-
phiques dans des vieux livres d'église, soudainement
de ce chaos de barbarie et de misères surgit la figure
colossale et unique de Pierre le Grand. Rejetant le
nationalisme aveugle de la Moscovie, pénétré d'un
patriotisme éclairé qui voit les vrais besoins de son
pays, il ne s'arrête devant rien pour imposer à la Russie

1. V. l'étude intéressante du P. Pierling, *Rome et Moscou*, 1547-1579.

la civilisation qu'elle méprisait mais qui lui était nécessaire; il n'appelle pas seulement cette civilisation étrangère comme un protecteur puissant, mais il va lui-
même la trouver chez elle en humble serviteur et en
apprenti diligent; et malgré les grands défauts de son
caractère privé il offre jusqu'à la fin un admirable
exemple de dévouement au devoir et de vertu civique.
Eh bien! en se rappelant tout cela on se dit : elle
doit donc être bien grande et bien belle l'œuvre nationale définitive qui a eu de tels précurseurs, il doit viser
bien haut, s'il ne veut pas descendre, le pays qui dans
son état barbare a été représenté par saint Vladimir et
par Pierre le Grand. Mais les vraies grandeurs de la
Russie sont une lettre morte pour nos prétendus
patriotes qui veulent imposer au peuple russe une
mission historique à leur façon et à leur portée.
Notre œuvre nationale serait, à les entendre, tout
ce qu'il y a au monde de plus simple, elle ne tiendrait qu'à une seule force, la force des armes. Donner le coup de grâce à l'empire Ottoman qui expire,
et puis détruire la monarchie des Habsburgs, et à
la place de ces deux puissances mettre un tas de
petits royaumes nationaux indépendants qui n'attendent que cette heure solennelle de leur émancipation
définitive pour se ruer les les uns sur les autres.
Cela valait bien la peine pour la Russie de souffrir
et de lutter pendant mille ans, de devenir chrétienne
avec saint Vladimir et européenne avec Pierre le

Grand en maintenant toujours une place à part entre l'Orient et l'Occident, tout cela pour devenir définitivement un instrument de la « grande idée » serbe et de la « grande idée » bulgare!

Mais, nous dira-t-on, il ne s'agit pas de cela, le vrai but de notre politique nationale, c'est Constantinople. A ce qu'il paraît, on ne compte plus avec les Grecs qui ont cependant, eux aussi, une « grande idée » panhellénique. Mais le plus important est de savoir : avec quoi, au nom de quoi pouvons-nous entrer à Constantinople? Que pouvons-nous y apporter sinon l'idée païenne de l'État absolu, les principes du césaro-papisme que nous avons emprunté aux Grecs et qui ont déjà perdu le Bas-Empire? Il y a dans l'histoire universelle des événements mystérieux, mais il n'y en a pas d'absurdes. Non! ce n'est pas la Russie que nous voyons, la Russie infidèle à ses meilleurs souvenirs, aux leçons de Vladimir et de Pierre le Grand, la Russie possédée par un nationalisme aveugle et un obscurantisme effréné, ce n'est pas elle qui pourra jamais s'emparer de la seconde Rome et terminer la fatale question d'Orient. Si, par notre faute, cette question ne peut pas être résolue à notre plus grande gloire, elle le sera à notre plus grande humiliation. Si la Russie persiste dans la voie de l'obscurantisme oppressif où elle vient de rentrer, elle sera remplacée en Orient par une autre force nationale beaucoup moins douée, mais aussi beaucoup plus consistante dans son infériorité. Les Bulgares, nos protégés bien-aimés d'hier, nos révoltés tellement méprisés aujourd'hui, seront demain nos rivaux triomphants et maîtres de la vieille Byzance.

IV

Il ne faut pas du reste exagérer ces appréhensions pessimistes. La Russie n'a pas encore abdiqué sa raison d'être, elle n'a pas renié la foi et l'amour de sa première jeunesse. Elle est encore libre de renoncer à cette politique d'égoïsme et d'abrutissement national qui ferait nécessairement avorter notre mission historique. Le produit falsifié qu'on appelle opinion publique, fabriqué et vendu à bon marché par une presse opportuniste, n'a pas encore étouffé chez nous la conscience nationale qui saura trouver une expression plus authentique de la véritable idée russe. Il ne faut pas aller loin pour cela : elle est là tout près, la vraie idée russe, attestée par le caractère religieux du peuple, préfigurée et indiquée par les événements les plus importants et par les plus grands personnages de notre histoire. Et si cela ne suffit pas, il y a un témoignage encore plus grand et plus sûr — la parole révélée de Dieu. Non que cette parole ait jamais rien dit sur la Russie : c'est son silence, au contraire, qui nous montre la vraie voie. Si le seul.

peuple dont la Providence divine s'est occupé spécialement est le peuple d'Israël, si la raison d'être de ce peuple unique n'était pas en lui-même, mais dans la révélation chrétienne qu'il a préparée, et si enfin dans le Nouveau-Testament il n'est plus question d'aucune nationalité en particulier, et même il est expressément déclaré qu'aucun antagonisme national ne doit plus subsister, ne faut-il pas en conclure que dans la pensée primordiale de Dieu les nations n'existent pas en dehors de leur unité organique et vivante, — en dehors de l'humanité? Et si cela est ainsi pour Dieu, cela doit être ainsi pour les nations elles-mêmes, en tant qu'elles veulent réaliser leur idée véritable qui n'est autre chose que leur manière d'être dans la pensée éternelle de Dieu.

La raison d'être des nations ne se trouve pas en elles-même, mais dans l'humanité. Mais où est-elle cette humanité? N'est-elle pas un être de raison privé de toute existence réelle? Autant vaudrait-il dire que le bras et la jambe existent réellement et que l'homme entier n'est qu'un être de raison. Du reste tous les zoologistes connaissent des animaux (appartenant pour la plupart à la classe inférieure des *actinozóa* : méduses, polypes, etc.), qui ne sont au fond que des organes très différenciés et menant une vie isolée, de sorte que l'animal complet n'existe qu'en idée. Telle était aussi la manière d'être du genre humain avant le Christianisme, quand il n'y avait en réalité que

des *disjecta membra* de l'homme universel, des tribus
et des nations séparées ou partiellement réunies par
la force extérieure, quand la vraie unité essentielle
de l'humanité n'était qu'une promesse, qu'une idée
prophétique. Mais cette idée *prit corps* au moment où
le centre absolu de tous les êtres fut révélé en Christ.
Désormais la grande unité humaine, le corps universel de l'Homme-Dieu, existe réellement sur la terre. Il
n'est pas parfait, mais il existe; il n'est pas parfait, mais
il s'avance vers la perfection, il s'accroît et s'étend à
l'extérieur, et se développe intérieurement. L'humanité
n'est plus un être de raison, sa forme substantielle se
réalise dans la chrétienté, dans l'Église universelle.

Participer à la vie de l'Église universelle, au développement de la grande civilisation chrétienne, y
participer selon ses forces et ses capacités particulières, voilà donc le seul but véritable, la seule vraie
mission de chaque peuple. C'est une vérité évidente
et élémentaire que l'idée d'un organe particulier ne
peut pas l'isoler et le mettre en antagonisme avec
les autres organes, mais qu'elle est la raison de son
unité et de sa solidarité avec toutes les parties du
corps vivant. Et, du point de vue chrétien, on ne saurait contester l'application de cette vérité tout à fait
élémentaire à l'humanité entière qui est le corps vivant du Christ. C'est pour cela que le Christ lui-même,
tout en reconnaissant, dans sa première parole aux
Apôtres, l'existence et la vocation de *toutes les nations*

(Év. Math., xxviii, 19), ne s'est pas adressé et n'a pas adressé ses disciples à aucune nation en particulier : c'est que pour Lui elles n'existaient que dans leur union organique et morale comme membres vivants d'un seul corps spirituel et réel. Ainsi la vérité chrétienne affirme l'existence permanente des *nations* et les droits de la *nationalité*, tout en condamnant le *nationalisme* qui est, pour un peuple, ce que l'égoïsme est pour l'individu : le mauvais principe qui tend à isoler l'être particulier en transformant la différence en division et la division en antagonisme.

V

Le peuple russe est un peuple chrétien, et par conséquent pour connaître la vraie idée russe il ne faut pas se demander ce que la Russie fera par soi et pour soi, mais ce qu'elle *doit faire* au nom du principe chrétien qu'elle reconnaît et pour le bien de la chrétienté universelle à laquelle elle est censée appartenir. Elle doit, pour remplir vraiment sa mission, entrer de cœur et d'âme dans la vie commune du monde chrétien et employer toutes ses forces nationales à réaliser, d'accord avec les autres peuples, cette unité parfaite et universelle du genre humain, dont la base immuable nous est donnée dans l'Église du Christ. Mais l'esprit de l'égoïsme national ne se laisse pas sacrifier aussi facilement. Il a trouvé chez nous un moyen de s'affirmer sans renier ouvertement le caractère religieux inhérent à la nationalité russe. Non seulement on admet que le peuple russe est un peuple chrétien, mais on proclame avec emphase qu'il est le peuple chrétien par excellence et que l'Église est la vraie base de notre vie nationale ; mais ce n'est que pour prétendre que l'*Église est seulement 'chez nous*, que nous avons le monopole de la foi et de la vie chrétienne. De cette manière, l'Église qui est en vérité la roche inébranlable de l'unité et de la solidarité universelles devient pour la Russie le palladium d'un particularisme national étroit, et souvent même l'instrument passif d'une politique égoïste et haineuse.

Notre religion, en tant qu'elle se manifeste dans la foi du peuple et dans le culte divin, est parfaitement orthodoxe. L'Église russe en tant qu'elle conserve la vérité de la foi, la perpétuité de la succession apostolique et la validité des sacrements participe essentiellement à l'unité de l'Église universelle, fondée par le Christ. Et si malheureusement cette unité n'existe chez nous que dans un état latent et ne parvient pas à une actualité vivante, c'est que des chaînes séculaires tiennent le corps de notre Église attaché à un cadavre immonde, qui l'étouffe en se décomposant.

L'institution officielle qui est représentée par notre gouvernement ecclésiastique et par notre école théologique, et qui maintient à tout prix son caractère

particulariste et exclusif, n'est pas certes une partie
vivante de la vraie Église universelle fondée par le
Christ. Pour dire ce qu'elle est en réalité nous laissons
la parole à un auteur, dont le témoignage a dans
cette occasion une valeur exceptionnelle. L'un des
chefs les plus éminents du « parti russe », ardent
patriote et orthodoxe zélé, en sa qualité de slavophile
ennemi déclaré de l'Occident en général et de l'Église
de Rome en particulier, ayant la papauté en horreur
et la compagnie de Jésus en abomination, J. S. Aksakov, ne pourrait pas être soupçonné d'avoir eu des
idées préconçues défavorables à notre Église nationale
comme telle. D'un autre côté, quoique partageant les
préjugés et les erreurs de son parti, Aksakov était au-
dessus des panslavistes vulgaires non seulement par
son talent, mais aussi par sa bonne foi, par la sincé-
rité de sa pensée et la franchise de sa parole. Longtemps persécuté par l'administration, condamné enfin
au mutisme pendant douze ans, ce n'est que dans les
dernières années de sa vie qu'il obtint comme privi-
lège personnel et toujours problématique la liberté
relative de publier ce qu'il pensait.

VI

Écoutons donc ce témoin loyal et bien autorisé. Il
appuyait son jugement sur une longue série de faits

incontestables que nous devons omettre ici ; sa parole seule nous suffira.

Notre Église du côté de son gouvernement apparaît comme une espèce de bureau ou de chancellerie colossale qui applique à l'office de paître le troupeau du Christ tous les procédés du bureaucratisme allemand avec toute la fausseté officielle qui leur est inhérente [1]. Le gouvernement ecclésiastique étant organisé comme un département de l'administration laïque, et les ministres de l'Église étant mis au nombre des serviteurs de l'État, l'Église elle-même se transforme bientôt en une fonction du pouvoir séculier ou tout simplement elle entre au service de l'État. En apparence on n'a fait qu'introduire l'ordre nécessaire dans l'Église, c'est son âme qu'on lui a enlevée. A l'idéal d'un gouvernement vraiment spirituel on substitua celui d'un ordre purement formel et extérieur. Il ne s'agit pas seulement du pouvoir séculier, mais surtout des *idées séculières* qui entrèrent dans notre milieu ecclésiastique et s'emparèrent à un tel point de l'âme et de l'esprit de notre clergé que la mission de l'Église dans son sens véritable et vivant leur est devenu à peine compréhensible [2]. Nous avons des ecclésiastiques « éclairés » qui prétendent que notre vie religieuse n'est pas assez réglementée par l'État, et ils demandent à celui-ci un nouveau code de lois et de règles pour l'Église. Et cependant dans le code actuel de l'Empire on trouve plus de mille articles déterminant la tutelle de l'État sur l'Église et précisant les fonctions de la police dans le domaine de la foi et de la piété.

Le gouvernement séculier est déclaré par notre code « le conservateur des dogmes de la foi dominante et le gardien du bon ordre dans la sainte Église ». Nous voyons ce gardien, le glaive levé, prêt à sévir contre toute infraction à cette orthodoxie établie moins avec l'assistance du Saint-Esprit qu'avec celle des

<hr>

1. *Œuvres complètes d'Ivan Aksakov*, tome IV, p. 124.
2. *Ibid.*, pp. 125, 126.

lois pénales de l'Empire russe [1]. *Là, où il n'y a pas d'unité vivante et intérieure, l'intégrité extérieure ne peut être soutenue que par la violence et la fraude* [2].

A propos de la persécution cruelle suscitée par le gouvernement ecclésiastique et civil contre une secte de protestants indigènes (les stundistes) dans la Russie méridionale, Aksakov donne une expression vivante à sa juste indignation :

Supprimer par la prison la soif spirituelle *quand on n'a rien pour la satisfaire;* répondre par la prison au besoin sincère de la foi, aux questions de la pensée religieuse qui s'éveille; prouver par la prison la vérité de l'orthodoxie, c'est saper par la base toute notre religion et rendre les armes au protestantisme victorieux [3].

Et cependant il se trouve que les lois pénales, avec leur « prison » qui a tellement indigné notre patriote, sont absolument indispensables pour conserver « l'Eglise dominante ». Les défenseurs les plus sincères et les plus raisonnables de cette Eglise (par exemple l'historien Pogodine, cité avec beaucoup d'autres par notre auteur) avouent franchement que la liberté religieuse une fois admise en Russie la moitié des paysans orthodoxes passeront au *raskol* (schisme des vieux-croyants très nombreux déjà malgré toutes les persécutions) et la moitié des gens du monde deviendra catholique.

1. *Œuvres complètes d'Ivan Aksakov,* tome IV, p. 84.
2. *Ibid.,* p. 100.
3. *Ibid.,* p. 72.

Que veut dire un aveu semblable? demande Aksakov : que
la moitié des membres de l'Église orthodoxe n'y appartient
qu'en apparence, que ces hommes ne sont retenus dans son
sein que par la crainte des peines temporelles. Tel est donc
l'état actuel de notre Église! État indigne, affligeant et affreux!
Quelle surabondance de sacrilèges dans l'enceinte sacrée, de
l'hypocrisie qui remplace la vérité, de la terreur au lieu de
l'amour, de la corruption sous l'apparence d'un ordre extérieur, de la mauvaise foi dans la défense violente de la vraie
foi, quelle négation, dans l'Église même, des principes vitaux de
l'Église, de toute sa raison d'être, le mensonge et l'incrédulité
là, où tout doit être, vivre et se mouvoir par la vérité et la foi...
Cependant le danger le plus grave ce n'est pas que le mal a
pénétré dans le milieu des croyants, c'est qu'il y a reçu *droit de
cité*, que cette position de l'Église est créée par la loi, qu'une
anomalie semblable n'est qu'une conséquence nécessaire de la
règle acceptée par l'État et par notre société elle-même[1].

En général, chez nous en Russie, dans les choses de l'Église,
comme dans les autres, c'est l'apparence, le *decorum* qu'on tient
surtout à garder, et cela suffit à notre amour pour l'Église, à
notre amour paresseux, à notre foi fainéante. Nous fermons
volontiers les yeux et, dans notre crainte puérile du scandale,
nous nous efforçons de cacher à nos propres regards ainsi qu'à
ceux du monde entier le grand mal qui sous un voile convenable
dévore comme un cancer la substance vitale de notre organisme
religieux[2].

Nulle part ailleurs on n'a la vérité tellement en horreur que
dans le domaine de notre gouvernement ecclésiastique, nulle
part ailleurs la servilité n'est plus grande que dans notre hiérar-
chie spirituelle, nulle part « le mensonge salutaire » n'est appliqué sur une échelle plus large que là où tout mensonge devrait
être abhorré. Nulle part ailleurs on n'admet, sous le prétexte de

1. *Œuvres complètes d'Ivan Aksakov*, tome IV, p. 91.
2. *Ibid.*, p. 42.

la prudence, autant de compromis qui rabaissent la dignité de l'Église et lui enlèvent son autorité. Et la cause principale de tout cela, c'est qu'on n'a pas une foi suffisante dans la puissance de la vérité[1].

Tous ces maux de notre Église, — et c'est là le point le plus important, — nous les avons sus et nous les savons, nous nous sommes arrangés avec eux et nous vivons en paix. Mais cette paix honteuse, ces compromis déshonorants ne peuvent pas sauvegarder la paix de l'Église, et dans la cause de la vérité ils signifient une défaite sinon une trahison[2].

S'il faut en croire ses défenseurs, notre Église est un troupeau grand mais infidèle, dont le pasteur est la police qui par force, à coup de fouet, fait entrer dans le bercail les brebis égarées. Une image semblable répond-elle à la vraie idée de l'Église du Christ? Et si non, notre Église n'est plus l'Église du Christ, et alors qu'est elle donc? Une institution d'État qui peut être utile aux intérêts de l'État, à la discipline des mœurs. Mais l'Église, il ne faut pas l'oublier, est un domaine où aucune altération de la base morale ne peut être admise, où aucune infidélité au principe vivifiant ne peut rester impunie, où, si l'on ment, on ne ment pas aux hommes mais à Dieu. Une Église infidèle au testament du Christ est du monde entier le phénomène le plus stérile et le plus anormal condamné d'avance par la parole de Dieu[3].

Une Église qui fait partie d'un État, d'un « royaume de ce monde », a abdiqué sa mission et devra partager la destinée de tous les royaumes de ce monde[4]. Elle n'a plus en elle-même aucune raison d'être, elle se condamne à la débilité et à la mort[5].

La conscience russe n'est pas libre en Russie, et la pensée religieuse reste inerte, l'abomination de la désolation s'établit

1. *Œuvres complètes d'Ivan Aksakov*, tome IV, p. 32.
2. *Ibid.*, p. 43.
3. *Ibid.*, pp. 91, 92.
4. *Ibid.*, p. 111.
5. *Ibid.*, p. 93.

au lieu saint, le souffle de la mort remplace l'esprit vivifiant; le glaive spirituel — la parole — se couvre de rouille, supplanté par le glaive matériel de l'État, et près de l'enceinte de l'Église, au lieu des anges de Dieu, gardant ses entrées et ses issues, on voit des gendarmes et des inspecteurs de police — ces gardiens des dogmes orthodoxes, ces directeurs de notre conscience [1].

Et voici enfin la dernière conclusion de cet examen rigoureux :

L'esprit de vérité, l'esprit de charité, l'esprit de vie, l'esprit de liberté — c'est son souffle salutaire qui fait défaut à l'Église russe [2].

VII

Une institution que l'Esprit de la vérité a abandonnée ne peut pas être l'Église véritable de Dieu. Pour le reconnaître il ne faut pas abdiquer la religion de nos pères, il ne faut pas renoncer à la piété du peuple orthodoxe, à ses traditions sacrées, à toutes les choses saintes qu'il vénère. Il est évident au contraire que la seule chose que nous devons sacrifier à la vérité, c'est l'établissement pseudo-ecclésiastique si bien caractérisé par l'écrivain orthodoxe, — cet établissément qui a pour base la servilité et l'intérêt matériel et pour moyens d'action la fraude et la violence.

Le système du matérialisme gouvernemental qui reposait exclusivement sur la force brutale des armes et ne comptait pour rien la puissance morale de la pensée

1. *Œuvres complètes d'Ivan Aksakov*, tome IV, pp. 83, 84.
2. *Ibid.*, p. 127.

et de la parole libre — ce système matérialiste nous
a amené une fois aux désastres de Sébastopol. La
conscience du peuple russe fidèlement représenté par
son souverain parla à haute voix. La Russie fit péni-
tence et se releva par un acte de justice, l'émancipation des serfs. Cet acte qui fut la gloire d'un grand
règne n'est cependant qu'un commencement. L'œuvre
de l'émancipation sociale ne peut pas se borner à
l'ordre matériel. Le corps de la Russie est libre, mais
l'esprit national attend encore son 19 février. Ce n'est
pas pourtant avec le corps seul, ce n'est pas par un
travail purement matériel que la Russie pourra accomplir sa mission historique et manifester son idée
nationale vraie. Et comment pourrait-elle se manifester, la pauvre idée russe, enfermée dans une prison
étroite, privée d'air et de lumière et gardée par des
eunuques méchants et jaloux ?

Ce n'est pas en reculant vers le règne de Nicolas Ier
et en imitant les grandes erreurs de ce grand souverain qu'on pourrait réparer les défauts essentiels
dans l'œuvre incomplète d'Alexandre II. On ne doit
pas tenter la Providence en oubliant trop vite les
leçons historiques qu'elle nous a données. Il est permis
d'espérer que le sentiment religieux, la bonne volonté
et la raison droite, qui distinguent l'empereur actuel,
sauront le défendre contre des conseillers mal inspirés
qui voudraient lui imposer la politique néfaste, jugée
et condamnée à Sébastopol.

L'émancipation religieuse et intellectuelle de la Russie est un acte qui s'impose aujourd'hui à notre gouvernement avec autant de nécessité que l'émancipation des serfs s'imposait il y a trente ans au gouvernement d'Alexandre II. Le servage lui aussi était autrefois utile et nécessaire. De même la tutelle officielle imposée à l'esprit national de la Russie pouvait être bienfaisante quand cet esprit était dans son enfance ; elle ne peut que le suffoquer aujourd'hui. Il est inutile de répéter sans cesse, que notre organisme national est plein de santé et de vigueur, comme s'il fallait précisément être faible et malade pour pouvoir être étouffé. Quelles que soient les qualités intrinsèques du peuple russe, elles ne peuvent pas agir d'une manière normale tant que sa conscience et sa pensée restent paralysées par un régime de violence et d'obscurantisme. Il s'agit avant tout de donner libre accès à l'air pur et à la lumière, d'enlever les barrières artificielles qui retiennent l'esprit religieux de notre nation dans l'isolement et l'inertie, il s'agit de lui ouvrir le chemin droit vers la vérité complète et vivante.

Mais on a peur de la vérité parce que la vérité est catholique, c'est-à-dire universelle. On veut à tout prix avoir une religion à part, une foi russe, une Église impériale. On n'y tient pas pour elle-même, mais on veut la garder comme attribut et comme sanction du nationalisme exclusif. Mais ceux qui ne veulent pas

sacrifier leur égoïsme national à la vérité universelle
ne peuvent pas être et ne doivent pas s'appeler chrétiens.

On se prépare chez nous à fêter solennellement le
neuvième centenaire du Christianisme en Russie. Mais
il paraît que ce sera là une fête prématurée. A entendre certains patriotes, le baptême de saint Vladimir, si efficace pour le prince lui-même, n'a été pour
sa nation qu'un baptême d'eau, et il nous faudrait
être baptisés une seconde fois par l'esprit de la vérité
et le feu de la charité. Et vraiment ce second baptême
est absolument nécessaire, sinon pour la Russie entière,
du moins pour la partie de notre société qui agit
et qui parle aujourd'hui. Pour devenir chrétienne elle
doit renoncer à une nouvelle idolâtrie moins grossière mais non moins absurde et beaucoup plus per-
nicieuse que l'idolâtrie de nos ancêtres païens, rejetée
par saint Vladimir. J'entends cette nouvelle idolâtrie,
cette folie épidemique du nationalisme qui pousse les
peuples à adorer leur propre image au lieu de la Divinité suprême et universelle.

VIII

Pour maintenir et pour manifester le caractère chrétien de la Russie, il nous faut abdiquer définitivement
la fausse divinité de ce siècle, et sacrifier au vrai Dieu
notre égoïsme national. La Providence nous a mis

dans une condition particulière qui doit rendre ce
sacrifice plus complet et plus efficace. Il y a une loi
morale élémentaire qui s'impose également aux individus et aux nations, et qui est exprimée dans cette
parole de l'Evangile, qui nous commande, avant de
sacrifier à l'autel, de faire la paix avec le frère qui a
quelque chose contre nous. Le peuple russe a un frère
qui a des griefs profonds contre lui, et il nous faut
faire la paix avec ce peuple frère et ennemi, pour com-
mencer le sacrifice de notre égoïsme national sur
l'autel de l'Eglise universelle.

Ce n'est pas là une affaire de sentiment, quoique
le sentiment aussi devrait avoir sa place dans tous
rapports humains. Mais entre une politique senti-
mentale et une politique d'égoïsme et de violence,
il y a un moyen terme : la politique de l'obligation
morale ou de la justice. Je ne veux pas examiner ici
les prétentions des Polonais à la restauration de leur
ancien royaume, ni les objections que les Russes leur
peuvent opposer à bon droit. Il ne s'agit pas de plans
problématiques à réaliser, mais d'une iniquité manifeste et incontestable à laquelle il nous faut renoncer
dans tous les cas. J'entends le système odieux de
russification, qui n'a plus affaire à l'autonomie politique, mais qui s'attaque à l'existence nationale, à
l'âme même du peuple polonais. Russifier la Pologne,
cela veut dire tuer une nation qui a une conscience
très développée de soi-même, qui a eu une histoire

glorieuse et nous a devancé dans sa culture intellectuelle, et qui, aujourd'hui encore, ne nous cède pas en activité scientifique et littéraire. Et quoique dans ces conditions le but définitif de nos russificateurs soit heureusement impossible à atteindre, tout ce qu'on entreprend pour y parvenir n'en est pas moins criminel et malfaisant. Cette russification tyrannique intimement liée à la destruction, plus tyrannique encore, de l'Église grecque-unie, est un vrai péché national, qui pèse sur la conscience de la Russie et paralyse ses forces morales.

On a vu de grandes nations triompher pendant longtemps dans une cause injuste. Mais il paraît que la Providence, par une sollicitude particulière pour le salut de notre âme nationale, s'empresse à nous montrer, avec une évidence parfaite, que la force, même victorieuse, n'est bonne à rien, quand elle n'est pas dirigée par une conscience pure. Notre péché historique a enlevé à notre dernière guerre ses résultats pratiques en même temps que sa valeur morale; il poursuivit, sur les Balkans, nos aigles victorieux et il les arrêta devant les murs de Constantinople; en nous ôtant l'assurance et l'élan d'un peuple fidèle à sa mission, ce péché nous imposa, au lieu d'un triomphe acheté par tant d'efforts héroïques, l'humiliation du congrès de Berlin; et il finit par nous chasser de la Serbie et de la Bulgarie, que nous voulions protéger tout en opprimant la Pologne.

Ce système oppressif, qui n'est pas appliqué à la Pologne seulement, tout mauvais qu'il est en lui-même, est rendu bien pire encore par la contradiction flagrante où il se trouve avec les idées généreuses d'émancipation et de protection désintéressée que la politique russe a toujours revendiquées pour elle. Cette politique est nécessairement imprégnée de fausseté et d'hypocrisie, qui lui enlèvent tout prestige, et rendent impossible tout succès durable. On ne peut pas impunément inscrire sur son étendard la liberté des peuples slaves et autres, tout en ôtant la liberté nationale aux Polonais, la liberté religieuse aux Uniates et aux dissidents russes, les droits civils aux Juifs.

Ce n'est pas dans cet état, la bouche muette, les yeux bandés et l'âme déchirée par des contradictions et des remords, que la Russie doit aller à son œuvre historique. Nous avons eu déjà deux graves leçons, deux avertissements sévères: à Sébastopol, premièrement; et puis dans des circonstances plus significatives encore: à Berlin. Il ne faut pas attendre le troisième avertissement, qui serait peut-être le dernier. Se repentir de ses péchés historiques et satisfaire la justice; abdiquer l'égoïsme national en renonçant à la politique de russification et en admettant, sans réserves, la liberté religieuse, — c'est le seul moyen, pour la Russie, de se préparer à la révélation et à la réalisation de sa vraie idée nationale qui — il ne faut pas l'oublier — n'est pas une idée abstraite ni une fatalité.

aveugle, mais avant tout une obligation morale.
L'idée russe, nous le savons, ne peut être autre
chose qu'un aspect déterminé de l'idée chrétienne, et
la mission de notre peuple ne peut nous être claire
qu'en tant que nous entrons dans le vrai sens du
christianisme.

IX

Il y a trente ou quarante ans à peu près que des
écrivains plus ou moins estimables nous prêchent en
France aussi bien qu'en Russie[1] un Christianisme et
une Église idéale, le Royaume spirituel de la fraternité libre et de l'amour parfait. C'est là sans doute
l'idéal, c'est-à-dire l'avenir de l'Église. La doctrine de
ces auteurs est une prophétie. Mais pour ne pas être
une *fausse* prophétie elle devrait nous indiquer la voie
droite et les bons moyens pour réaliser cet idéal absolu.
Un idéal, s'il n'est pas un songe creux, ne peut être
autre chose que la perfection réalisable de ce qui est
donné. Serait-ce en reniant le passé de l'Église universelle et en détruisant sa forme actuelle qu'on arriverait
au règne idéal de la fraternité et de l'amour parfait? Ce

1. J'entends pour la France ce que M. Anatole Leroy-Beaulieu a si bien
nommé « l'obscure et impuissante école de Bordas-Dumoulin et de Huet ».
(V. *Les catholiques libéraux*, p. 182). En Russie, les idées de Bordas-Dumoulin ont été adoptées par Khomiakoff, qui employa son talent considé-
rable à populariser ces idées en leur donnant un faux air d'orthodoxie
gréco-russe.

ne serait là qu'une application assez mal placée de la
loi parricide qui gouverne notre vie mortelle. Dans
cette vie déterminée par l'état de la nature corrompue,
la nouvelle génération n'arrive à la jouissance de l'actualité qu'en supplantant ignoblement ses ancêtres,
mais c'est pour cela aussi que cette existence criminelle
ne dure qu'un instant; et si Krhonos, après avoir mutilé
et supplanté le vieux Ouranos, a été lui-même sup-
primé par Zeus qu'il ne réussit pas à avaler, ce nouveau dieu, lui aussi, ne monta le trône souillé que pour
subir dans la suite une destinée semblable. Telle est la
loi de la vie falsifiée et corrompue, d'une vie qui ne
devrait pas être, puisque elle est plutôt mort que vie,
et c'est pour cela que l'humanité, fatiguée de cette mi-
sère infinie, attendait avec angoisse comme son vrai
sauveur *un Fils de Dieu qui ne fût pas le rival de son
Père*. Et maintenant que ce vrai Fils qui ne remplace
pas, mais qui manifeste et qui glorifie son Père, est
venu et a donné une loi de vie immortelle à l'humanité
régénérée, à l'Église universelle, on voudrait introduire, sous un masque nouveau, dans cette Église
même, dans cet organisme de la vraie vie, la loi
abolie de la mort !

En vérité, dans l'Église universelle le passé et l'avenir, la tradition et l'idéal, loin de s'exclure mutuelle-
ment, sont également essentiels et indispensables pour
constituer le vrai présent de l'humanité, son bien-être
actuel. La piété, la justice et la charité, étrangères à

toute envie et à toute rivalité, doivent former un lien permanent et indissoluble entre les trois agents principaux de l'humanité sociale et historique, entre les représentants de son unité passée, de sa multiplicité présente et de sa totalité future.

Le principe du passé ou de la *paternité* est réalisé dans l'Église par le *sacerdoce*, les pères spirituels, les vieux ou anciens par excellence (prêtre, de presbyteros = senior), représentants sur la terre du Père céleste, l'Ancien des jours. Et pour l'Église générale ou catholiques, il doit exister un sacerdoce général ou international centralisé et unifié dans la personne d'un Père commun de tous les peuples, le Pontife universel. Il est évident, en effet, qu'un sacerdoce national ne peut pas représenter comme tel la paternité générale qui doit embrasser également toutes les nations. Quant à la réunion de différents clergés nationaux en un seul corps œcuménique, elle ne peut être effectuée qu'au moyen d'un centre international, réel et permanent, pouvant de droit et de fait résister à toutes les tendances particularistes.

L'unité réelle d'une famille ne peut subsister d'une manière régulière et durable sans un père commun ou quelqu'un qui le remplace. Pour faire des individus et des peuples une famille, une fraternité réelle, le principe paternel de la religion doit être réalisé ici-bas dans une monarchie ecclésiastique qui puisse effectivement réunir autour d'elle tous les éléments nationaux

et individuels, et leur servir toujours d'image vivante et
d'instrument libre de la paternité céleste.

Le sacerdoce universel ou international avec le Pontife suprême comme centre unique reproduit, en le
spiritualisant, l'âge primitif de l'humanité, quand tous
les peuples étaient réellement unis par l'origine commune et par l'identité des idées religieuses et des règles
de la vie. C'est là le vrai *passé* du genre humain, le
passé qui ne pèse pas sur le présent mais lui sert de
base immuable, et qui n'exclut pas l'avenir, mais est
essentiellement un avec lui : quant au *présent* de l'humanité, nous le voyons déterminé par la diversité des
nations qui tendent à se constituer en *corps complets*
ou États ayant chacun un centre particulier indépen-
dant, un pouvoir séculier ou gouvernement temporel
qui représente et dirige l'action combinée des forces
nationales. Les intérêts de l'humanité entière n'existent
pas pour l'État et pour le gouvernement séculier dont
les devoirs sont limités à la fraction du genre humain
à laquelle il est préposé. L'Église universelle, tout en
gardant au moyen de son ordre sacerdotal unifié dans
le Souverain Pontife la religion de la paternité commune, le grand passé éternel de notre espèce, n'exclut
pas cependant la diversité actuelle des nations et des
États. Seulement l'Église ne pourra jamais sanctionner,
et en cela elle est l'organe fidèle de la vérité et de la
volonté de Dieu, les divisions et les luttes nationales
comme condition définitive de la société humaine. La

vraie Église condamnera toujours la doctrine qui affirme
qu'il n'y a rien au dessus des intérêts nationaux, ce nouveau paganisme qui fait de la nation sa divinité suprême, ce faux patriotisme qui veut remplacer la religion. L'Église reconnaît les droits des nations en
combattant l'égoïsme national, elle respecte le pouvoir
de l'État en résistant à son absolutisme.

Les différences nationales doivent subsister jusqu'à
la fin des siècles ; les peuples doivent demeurer comme
membres réellement distincts de l'organisme universel.
Mais cet organisme lui-même doit aussi exister réellement, la grande unité humaine ne doit pas exister seulement comme une puissance occulte ou un être de
raison, mais doit s'incarner dans un corps social vi-
sible exerçant une action attractive manifeste et permanente pour tenir en échec la multitude des forces
centrifuges qui déchirent l'humanité.

Pour atteindre l'idéal de l'unité parfaite il faut s'ap-
puyer sur une unité *imparfaite, mais réelle.* Avant de
se réunir dans la liberté, il faut se réunir dans l'obéis-
sance. Pour s'élever à la *fraternité* universelle, les nations, les états et les souverains doivent se soumettre
d'abord à la *filiation* universelle en reconnaissant l'autorité morale du père commun. L'oubli des sentiments
que les peuples doivent au passé religieux de l'humanité serait de très mauvais augure pour son avenir.
Quand on sème l'impiété, ce n'est pas la fraternité
qu'on recueille.

Le vrai avenir de l'humanité, auquel nous devons travailler, c'est la *fraternité universelle procédant de la paternité universelle par une filiation morale et sociale permanente*. Cet avenir qui, pour réaliser un idéal complet, doit accorder les intérêts de la vie actuelle avec les droits du passé, a été de tous temps représenté dans l'église de Dieu par les *vrais prophètes*. La société de Dieu avec les hommes ou l'Église universelle (dans le sens large du mot), ayant dans le sacerdoce l'organe de son unité religieuse fondamentale et dans le pouvoir temporel l'organe de sa pluralité nationale actuelle, doit manifester aussi sa *totalité* absolue, son unité libre et parfaite par l'organe des prophètes spontanément suscités par l'esprit de Dieu pour éclairer les peuples et leurs chefs en maintenant devant eux l'idéal *complet* de la société humaine.

X

Ainsi les trois termes de l'existence sociale se trouvent représentés *simultanément* dans la vraie vie de l'Église universelle dirigée à la fois par ces trois agents principaux : l'autorité spirituelle du Pontife universel (chef infaillible du sacerdoce), représentant le vrai passé permanent de l'humanité ; le pouvoir séculier du souverain national (chef légitime de l'État), concentrant en lui et personnifiant les intérêts, les droits et les de-

voirs du présent ; enfin le ministère libre du prophète
(chef inspiré de la société humaine dans sa totalité),
inaugurant la réalisation de l'avenir idéal de l'humanité.
La concorde et l'action harmonique de ces trois fac-
teurs principaux sont la première condition du véritable
progrès. Le Pontife suprême est le représentant de la
vraie paternité éternelle et non pas de la fausse paternité, de ce Krhonos (le Temps) des païens qui dévorait
ses enfants. Lui, au contraire, ne trouve sa vie que
dans leur vie. En gardant fidèlement et en affirmant
l'unité immuable de la tradition, le Pontife universel
n'a pas besoin d'exclure ni les intérêts légitimes de l'actualité, ni les nobles aspirations à l'idéal parfait ; pour
bien garder le passé, il n'a pas besoin de lier le présent et de fermer la porte à l'avenir. De son côté, le
chef de l'État national, s'il est digne de son pouvoir,
doit penser et agir en vrai fils de l'Église universelle
(représentée par le Souverain Pontife), et alors il est
l'image et l'organe véritable du Fils et du Roi éternel,
de Celui qui fait la volonté du Père et non la sienne,
et qui ne veut être glorifié qu'en glorifiant le Père.
Enfin l'initiateur libre du mouvement social progressif,
le prophète, s'il ne trahit pas sa grande vocation, s'il
met son inspiration individuelle en accord avec la tradition universelle, et sa liberté — la vraie liberté des
enfants de Dieu — avec la piété filiale à l'égard de l'autorité sacrée et avec le juste respect des pouvoirs et
des droits légitimes, devient l'organe véritable de

l'Esprit-Saint qui a parlé par les prophètes et qui anime le corps universel du Christ en le faisant aspirer à la perfection absolue. Plus complète est l'union de ces trois représentants simultanés du passé, du présent et de l'avenir humain, plus décisive est la victoire de l'Église universelle sur la loi fatale du temps et de la mort, plus intime est le lien qui rattache notre existence terrestre à la vie éternelle de la Trinité divine.

Comme dans la Trinité, chacune des trois hypostases est Dieu parfait et cependant, *en vertu de leur solidarité absolue*, il n'y a qu'un seul Dieu, aucune des trois personnes n'ayant d'existence séparée et ne se trouvant jamais en dehors de l'unité substantielle et indivisible avec les deux autres, de même chacune des trois dignités principales de la société théocratique possède une véritable souveraineté sans qu'il y ait pour cela trois pouvoirs absolus différents dans l'Église universelle ou dans quelqu'une de ses parties, car les trois représentants de la souveraineté divino-humaine doivent être *absolument solidaires* entre eux, ne formant que trois organes principaux d'un seul et même corps social, exerçant trois fonctions fondamentales d'une seule et même vie collective.

Dans la Trinité divine, la troisième personne suppose les deux premières dans leur unité. Ainsi doit-il être dans la trinité sociale de l'humanité. L'organisation libre et parfaite de la société, ce qui est la mission des vrais prophètes, suppose l'union et la

solidarité du pouvoir spirituel et du pouvoir temporel, de l'Église et de l'État, de la chrétienté et de
la nationalité. Or cette union et cette solidarité
n'existent plus. Elles ont été détruites par la révolte du
Fils contre le Père, par le faux absolutisme de l'État
national qui a voulu être tout en restant seul, en
absorbant l'autorité de l'Église, et en étouffant la
liberté sociale. La fausse royauté a engendré les
faux prophètes, et l'absolutisme anti-social de l'État
a produit nécessairement l'individualisme anti-social
de la civilisation progressive. La grande unité sociale, rompue par les nations et les États, ne peut
pas se maintenir longtemps pour les individus. La
société humaine, n'existant plus pour chaque homme
comme une totalité organique dont il se sent une
partie solidaire, les liens sociaux deviennent pour
l'individu des limites extérieures et arbitraires contre
lesquelles il se révolte, et qu'il finit par supprimer.
Alors il a la liberté, la liberté que la mort donne aux
éléments organiques d'un corps en décomposition.
Cette image lugubre, dont les slavophiles ont tellement abusé contre l'Occident, et qui a nourri leur
orgueil national, devrait nous inspirer des sentiments
tout à fait opposés. Ce n'est pas en Occident, c'est à
Byzance que le péché originel du particularisme nationaliste et de l'absolutisme césaro-papiste a, pour la
première fois, introduit la mort dans le corps social
du Christ. Et le successeur responsable de Byzance,

c'est l'empire russe. Et aujourd'hui la Russie est le seul pays de la chrétienté où l'État national affirme sans réserve son absolutisme exclusif en faisant de l'Eglise un attribut de la nationalité et un instrument passif du gouvernement séculier, et où cette suppression de l'autorité divine n'est pas même compensée (en tant qu'elle peut l'être) par la liberté de l'esprit humain.

Le second terme de la trinité sociale — l'État ou le pouvoir séculier, — par sa position intermédiaire entre les deux autres, est le moyen principal pour soutenir ou bien pour détruire l'intégrité du corps universel. En reconnaissant le principe de l'unité et de la solidarité représenté par l'Église, et en réduisant, au nom de cette solidarité, à une juste mesure toutes les inégalités produites par l'action libre des forces particulières, l'État est l'instrument puissant de la vraie organisation sociale. En se renfermant au contraire dans un absolutisme isolé et égoïste, l'État perd la vraie base immuable et la sanction infaillible de son action sociale, et laisse la société universelle sans défense contre « le mystère de l'iniquité ».

Grâce à ses conditions historiques, la Russie nous présente le développement le plus complet, l'expression la plus pure et la plus puissante de l'État national absolu rejetant l'unité de l'Église et supprimant la liberté religieuse. Si nous étions un peuple païen, il nous serait bien possible de nous cristalli-

ser définitivement dans un tel état. Mais le peuple
russe est chrétien au fond de son âme, et le développement excessif qu'a pris chez lui le principe
anti-chrétien de l'État absolu n'est que le revers
d'un principe vrai — celui de l'État chrétien, de la
royauté du Christ. C'est le *second* principe de la
Trinité sociale, et pour le manifester avec vérité
et justice la Russie doit, avant tout, le mettre à
la place qui lui appartient, le reconnaître et l'affirmer non pas comme le seul et unique principe de
notre existence nationale *isolée*, mais comme le second des trois agents principaux de la vie sociale
universelle dont nous devons être solidaires. La
Russie chrétienne, en imitant le Christ lui-même,
doit soumettre le pouvoir de l'État (la royauté du
Fils) à l'autorité de l'Église universelle (le sacerdoce du Père), et donner une part à la liberté sociale (action de l'Esprit). L'empire russe, isolé dans
son absolutisme, n'est qu'une menace pour la chrétienté, une menace de luttes et de guerres sans fin.
L'empire russe, voulant servir et protéger l'Église
universelle et l'organisation sociale, apportera dans
la famille des peuples la paix et la bénédiction.

« Il n'est pas bien pour un homme de rester seul. »
Il n'en est pas autrement pour une nation. Il y a neuf
cents ans nous avons été baptisés par saint Wladimir
au nom de la Trinité féconde et non pas au nom de
l'unité stérile. L'idée russe ne peut pas consister à re-

nier notre baptême. L'idée russe, le devoir historique de la Russie nous demande de nous reconnaître solidaires de la famille universelle du Christ et d'appliquer toutes nos facultés nationales, toute la puissance de notre empire à la réalisation complète de la Trinité sociale où *chacune* des trois unités organiques principales, l'Église, l'État et la Société, est absolument libre et souveraine, non pas en se séparant des autres, les absorbant ou les détruisant, mais en affirmant sa solidarité absolue avec elles. Restaurer sur la terre cette image fidèle de la Trinité divine, voici l'idée russe. Et si cette idée n'a rien d'exclusif et de particulariste, si elle n'est qu'un nouvel aspect de l'idée chrétienne elle-même, si pour accomplir cette mission nationale il ne nous faut pas agir *contre* les autres nations, mais *avec* elles et *pour* elles, — c'est là la grande preuve que cette idée est vraie. Car la Vérité n'est que la forme du Bien, et le Bien ne connaît pas d'envie.

Paris, 23 mai 1888.

ERRATA

Page 22, lignes 19 et 20. *Au lieu de :* essentiellement, *lisez :* quant à l'essence.

Page 23, ligne 21. *Au lieu de :* problématique, *lisez :* précaire.

Page 42, lignes 10 et 11. *Au lieu de :* solidarité absolue, *lisez :* consubstantialité.

9 782016 180495